l'école - ትምህርት ቤት	2
le voyage - ጉዞ	5
le transport - መጓጓዣ	8
la ville - ከተማ	10
le paysage - መልከዓምድር	14
le restaurant - ምግብ ቤት	17
le supermarché - የሸቀጣ ሸቀጥ መደብር	20
les boissons - መጠጦች	22
les aliments - ምግብ	23
la ferme - እርሻ	27
la maison - ቤት	31
la salle de séjour - ሳሎን	33
la cuisine - ማድቤት	35
la salle de bains - መታጠቢያ ቤት	38
la chambre d'enfant - የልጅ ክፍል	42
les vêtements - አልባሳት	44
le bureau - ቢሮ	49
l'économie - ኢኮኖሚ	51
les professions - የስራ ሙያዎች	53
les outils - መሳሪያዎች	56
les instruments de musique - የሙዚቃ መሳሪያዎች	57
le zoo - የደር እንስሳት ማቆያ	59
les sports - የስፖርት አይነቶች	62
les activités - እንቅስቃሴዎች	63
la famille - ቤተሰብ	67
le corps - አካል	68
l'hôpital - ሆስፒታል	72
l'urgence - ድንገተኛ	76
la Terre - ምድር	77
l'heure - ሰዓት	79
la semaine - ሳምንት	80
l'année - ዓመት	81
les formes - ቅርፆች	83
les couleurs - ቀለማት	84
les opposés - ተቃራኒዎች	85
les nombres - ቁጥሮች	88
les langues - ቋንቋዎች	90
qui / quoi / comment - ማን/ ምን/ እንዴት	91
où - የት	92

Impressum
Verlag: BABADADA GmbH, Nedderfeld 112 , 22529 Hamburg
Geschäftsführer / Verlagsleitung: Harald Hof
Druck: Books on Demand GmbH, In de Tarpen 42, 22848 Norderstedt

Imprint
Publisher: BABADADA GmbH, Nedderfeld 112 , 22529 Hamburg, Germany
Managing Director / Publishing direction: Harald Hof
Print: Books on Demand GmbH, In de Tarpen 42, 22848 Norderstedt

l'école
ምህር ቤ

- **la salle de classe** — መማሪያ ክፍል
- **diviser** — ማካፈል
- **le tableau** — ሰሌዳ
- **la cour d'école** — የትምህርት ቤት ቅጥር ግቢ
- **l'enseignant** — መምህር
- **le papier** — ወረቀት
- **écrire** — መፃፍ
- **le stylo** — እስክሪብቶ
- **le bureau de travail** — መፃፊያ ጠረጴዛ
- **la règle** — ማስመሪያ
- **le livre** — መጽሐፍ
- **l'écolier** — ተማሪ

le sac d'écolier

የጀርባ ቦርሳ

la trousse

የእርሳስ መያዣ

le crayon

እርሳስ

le taille-crayon

የእርሳስ መቅረጫ

la gomme à effacer

ላጲስ

le bloc de papier à dessin

የስዕል ደብተር

l'école - ትምህርት ቤት

le dessin
ስዕል

le pinceau
የቀለም ብሩሽ

la boîte de peintures
የቀለም ሳጥን

les ciseaux
መቀስ

la colle
ማጣበቂያ

le cahier d'exercices
መልመጃ ደብተር

les devoirs
የቤት ስራ

le chiffre
ቁጥር

additionner
መደመር

soustraire
መቀነስ

multiplier
ማባዛት

calculer
ቁጥሮችን ማስላት

la lettre
ደብዳቤ

l'alphabet
ፊደላት

le mot
ቃል

l'école - ትምህርት ቤት

le texte

ፅሑፍ

lire

ማንበብ

la craie

ጠመኔ

la leçon

ትምህርት

le cahier de notes

ምዝገባ

l'examen

ፈተና

le certificat

ሰርተፊኬት

l'uniforme scolaire

የትምህርት ቤት የደንብ ልብስ

l'éducation

ትምህርት

l'encyclopédie

ዉደ ጥበብ

l'université

ዩኒቨርስቲ

le microscope

የምርምር ጉሊ መሳርያ

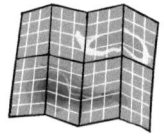

la carte

ካርታ

la corbeille à papier

የቆሻሻ ወረቀት መጣያ ቅርጫት

l'école - ትምህርት ቤት

le voyage
ጉዞ

l'hôtel
ሆቴል

l'auberge
ማረፊያ ቤት

le bureau de change
የዉጭ ገንዘብ ምንዛሪ ቢሮ

la valise
ልብስ መያዣ ሻንጣ

la voiture
መኪና

la langue
ቋንቋ

oui / non
አዎ/ አይደለም

Okay
እሺ

Allo!
ሰላም

le traducteur
አስተርጓሚ

Merci
አመሰግናለሁ

le voyage - ጉዞ

Combien coûte...? ስንት ነዉ.......?	Je ne comprends pas አልገባኝም	le problème እክል

Bonsoir ! እንደምን አመሹ!	Bonjour ! እንደምን አደሩ!	Bonne nuit ! መልካም ምሽት!

bye bye ደህና ይስንብቱ	la direction አቅጣጫ	les bagages ሻንጣ

le sac ቦርሳ	le sac à dos የጀርባ ቦርሳ	l'invité እንግዳ

la pièce ክፍል	le sac de couchage የመተኛ ቦርሳ	la tente ድንኳን

le voyage - ጉዞ

le bureau d'information touristique

የጉብኝዎች መረጃ

la plage

የባህር ዳርቻ

la carte de crédit

ክሬዲት ካርድ

le déjeuner

ቁርስ

le dîner

ምሳ

le souper

እራት

le billet

ቲኬት

l'ascenseur

አሳንስር

le timbre

ማህተም

la frontière

ድንበር

la douane

ባህሎች

l'ambassade

ኤምባሲ

le visa

ቪዛ/የይለፍ ወረቀት

le passeport

ፓስፖርት

le voyage - ጉዞ

le transport
መጓጓዣ

l'avion
አዉሮፕላን

le navire
መርከብ

le camion d'incendie
የእሳት አደጋ መኪና

l'autobus
አዉቶብስ

le camion
የጭነት መኪና

le bateau à moteur
ሞተር ጀልባ

le vélo
ብስክሌት

la voiture
መኪና

le traversier
የማመላለሻ ጀልባ

le bateau
ጀልባ

la motocyclette
የሞተር ብስክሌት

la voiture de police
የፖሊስ መኪና

la voiture de course
የዉድድር መኪና

la voiture de location
የኪራይ መኪና

l'autopartage

የመኪና መጋራት

la dépanneuse

ጎታች መኪና

le camion à ordures

የቆሻሻ ጭነት መኪና

le moteur

ሞተር

le carburant

ነዳጅ

la station-service

የቤንዚን ማደያ

panneau de signalisation

የመንገድ ምልክት

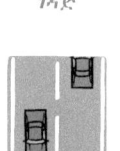

la circulation

የመኪኖች እንቅስቃሴ

l'embouteillage

የመኪና መጨናነቅ

le parc de stationnement

የመኪና ማቆሚያ

la gare

የባቡር ጣቢያ

les voies ferrées

የባቡር ሐዲዶች

le train

ባቡር

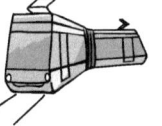

le tramway

የኤሌክትሪክ ባቡር

le wagon

ሰረገላ

le transport - መጓጓዣ

l'hélicoptère
ሄሊኮፕተር

l'aéroport
አየር ማረፊያ

la tour
ማማ

le passager
መንገደኛ

le conteneur
ማስቀመጫ፤ ማጠራቀሚያ

la boîte en carton
ካርቶን እቃ ማሸጊያ

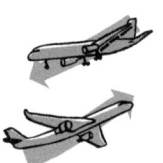  

le chariot
ጋሪ፤ ተሳቢ

le panier
ቅርጫት

décoller / atterrir
መነሳት/ ማረፍ

la ville
ከተማ

le village
መንደር

le centre-ville
የከተማ ማዕከል

la maison
ቤት

la ville - ከተማ

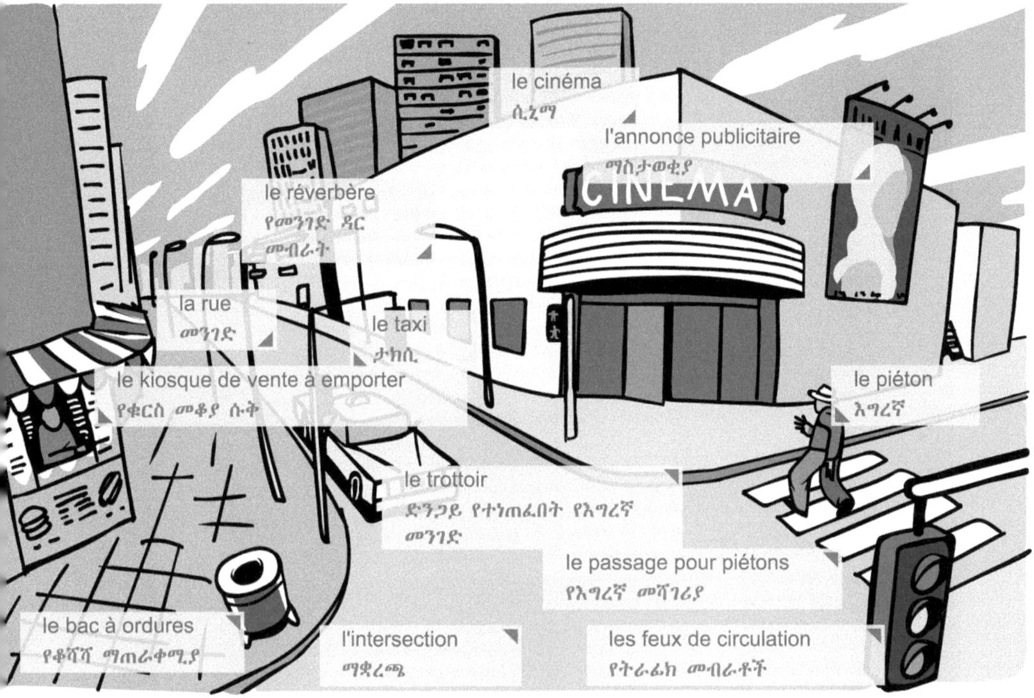

le cinéma
ሲኒማ

l'annonce publicitaire
ማስታወቂያ

le réverbère
የመንገድ ዳር መብራት

la rue
መንገድ

le taxi
ታክሲ

le kiosque de vente à emporter
የቁርስ መቆያ ሱቅ

le piéton
እግረኛ

le trottoir
ድንጋይ የተነጠፈበት የእግረኛ መንገድ

le passage pour piétons
የእግረኛ መሻገሪያ

le bac à ordures
የቆሻሻ ማጠራቀሚያ

l'intersection
ማቋረጫ

les feux de circulation
የትራፊክ መብራቶች

la cabane

ጎጆ

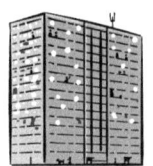

l'appartement

አፓርታማ

la gare

የባቡር ጣቢያ

l'hôtel de ville

የከተማ አዳራሽ

le musée

ቤተ መዘክር

l'école

ትምህርት ቤት

la ville - ከተማ

l'université

ዩኒቨርስቲ

la banque

ባንክ

l'hôpital

ሆስፒታል

l'hôtel

ሆቴል

la pharmacie

መድሐኒት ቤት

le bureau

ቢሮ

la librairie

መፅሐፍ መሸጫ

le magasin

ሱቅ

le fleuriste

የአበባ መሸጫ

le supermarché

የሸቀጣ ሸቀጥ መደብር

le marché

ገበያ ስፍራ

le grand magasin

መደብር

la poissonnerie

የዓሳ ነጋዴ

le centre commercial

የገበያ ማዕከል

le port

ወደብ

la ville - ከተማ

le parc

መናፈሻ ቦታ

le banc

አግዳሚ ወንበር

le pont

ድልድይ

les escaliers

ደረጃዎች

le métro

ዉስጥ ለዉስጥ

le tunnel

ዋሻ

l'arrêt d'autobus

የአዉቶቡስ ፌርማታ

le bar

ባር

le restaurant

ምግብ ቤት

la boîte à lettres

የፖስታ ሳጥን

la plaque de rue

የመንገድ ምልክት

le parcomètre

የመኪና ማቆሚያ ሒሳብ የሚያሰላ ማሽን

le zoo

የደር እንስሳት ማቆያ

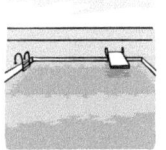

les bains publics

የመዋኛ ገንዳ

la mosquée

መስጊድ

la ville - ከተማ

la ferme
እርሻ

la pollution
የሚበክል ነገር

le cimetière
መቃብር ስፍራ

l'église
ቤተ ክርስቲያን

l'aire de jeux
መጫወቻ ሜዳ

le temple
ቤተ መቅደስ

le paysage
መልከዓምድር

- la feuille — ቅጠል
- le panneau indicateur — የመንገድ ላይ ምልክት
- le chemin — መንገድ
- le pré — አረንጓዴ መስክ
- la pierre — ድንጋይ
- l'arbre — ዛፍ
- le randonneur — በእግሩ የሚጓዝ
- la rivière — ወንዝ
- l'herbe — ሳር
- la fleur — አበባ

la vallée
ሸለቆ

la colline
ኮረብታ

le lac
ሀይቅ

la forêt
ጫካ

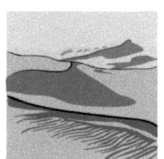
le désert
በረሃ

le volcan
እሳተ ገሞራ

le château
ግምብ

l'arc-en-ciel
ቀስተ ዳመና

le champignon
እንጉዳይ

le palmier
የቴምብር ዛፍ/ ዘንባባ

le moustique
ቢንቢ/ የወባ ትንኝ

la mouche
በራሪ

la fourmi
ጉንዳን

l'abeille
ንብ

l'araignée
ሸረሪት

le paysage - መልክዓምድር

le scarabée

ጢንዚዛ

la grenouille

እንቁራሪት

l'écureuil

ሽኮኮ

le hérisson

ጃርት

le lièvre

ጥንቸል

la chouette

ጉጉት ወፍ

l'oiseau

ወፍ

le cygne

የዉሃ ዳክዬ

le sanglier

ክርክሮ

le cerf

አጋዘን

l'orignal

አጋዘን

le barrage

ግድብ

l'éolienne

በነፋስ የሚሽከረከር

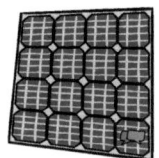

le panneau solaire

የፀሀይ ፓኔሎ

le climat

አየር ንብረት

le paysage - መልክዓምድር

le restaurant
ምግብ ቤት

- le serveur — አስተናጋጅ
- le menu — ማዉጫ
- la chaise — ወንበር
- la soupe — ሾርባ
- la pizza — ፒዛ
- la coutellerie — መክተፊያ
- la nappe — የጠረጴዛ ጨርቅ

les hors-d'œuvre

የምግብ ፍላጎትን የሚከፍት ምግብ

le plat principal

ዋና ምግብ

le dessert

ማጣጣሚያ ተከታይ ምግብ

les boissons

መጠጦች

les aliments

ምግብ

la bouteille

ጠርሙስ

le restaurant - ምግብ ቤት

la restauration rapide

ፈጣን ምግብ

la cuisine de rue

የመንገድ ምግብ

la théière

የሻይ ማንቆርቆሪያ

le sucrier

የስኳር እቃ

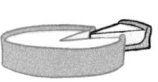

la part

ድርሻ

la machine à expresso

የቡና ማፊያ ማሽን

la chaise haute d'enfant

ባለጌ ወንበር

la facture

የክፍያ ደረሰኝ

le plateau

ትሪ

le couteau

ቢላዋ

la fourchette

ሹካ

la cuillère

ማንኪያ

la cuillère à thé

የሻይ ማንኪያ

la serviette

ልብስ ምግብ እንዳይነካ የሚረዳ ጨርቅ

le verre

ብርጭቆ

le restaurant - ምግብ ቤት

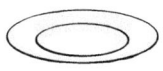

l'assiette

ዝርግ ሰሀን

l'assiette creuse

የሾርባ ጎድጓዳ ሰሀን

la soucoupe

የስኒ ማስቀመጫ

la sauce

ማጣፈጫ ስጎ

la salière

የጨዉ እቃ

le moulin à poivre

የተፈጨ ቃሪያ

le vinaigre

ኮምጣጤ

l'huile

የምግብ ዘይት

les épices

ቀመማ ቀመሞች

le ketchup

የቲማቲም ድልህ

la moutarde

ሰናፍጭ

la mayonnaise

ማዮኔዝ

le supermarché

የሸቀጣ ሸቀጥ መደብር

l'offre spéciale
ልዩ አቅራቦት
FOR
le client
ደምበኛ
les produits laitiers
የወተት ተዋፅዖ
le fruit
ፍራፍሬ
le chariot
ባለ ጎማ የእጅ ጋሪ

BUTCHERS

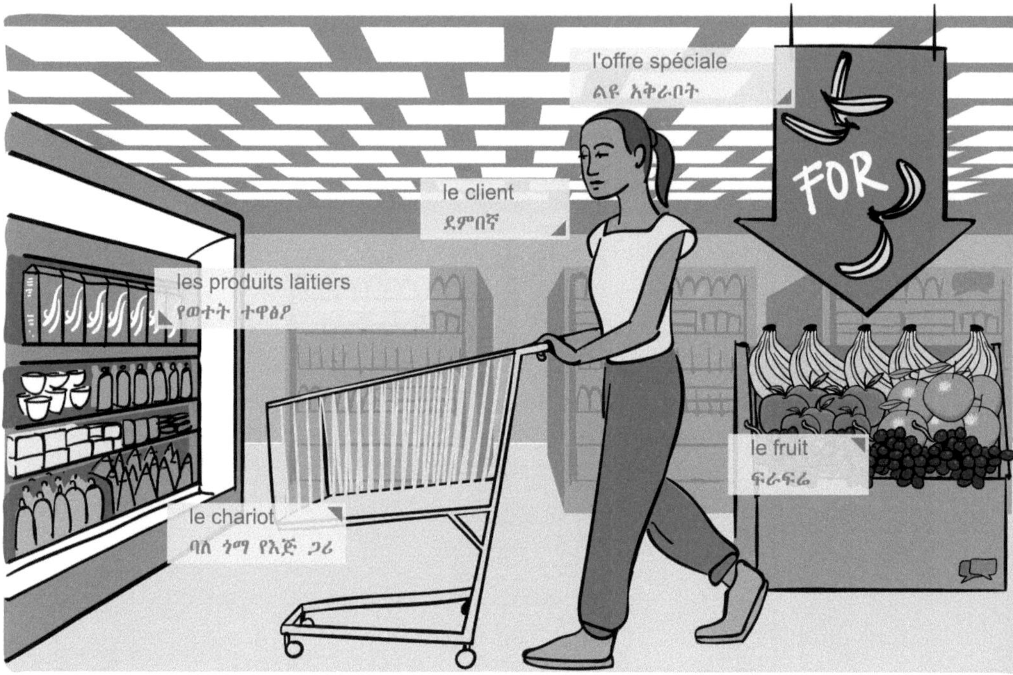

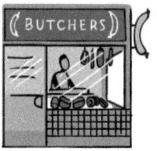

la boucherie

ሉካንዳ ነጋዴ

BAKERY

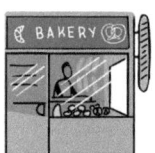

la boulangerie

መጋገርያ

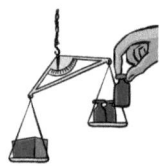

peser

ክብደት መመዘን

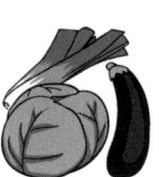

les légumes

ቅጠላ ቅጠል አትክልት

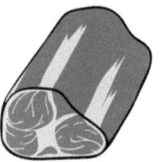

la viande

ስጋ

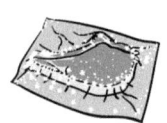

les aliments congelés

የቀዘቀዘ/የረጋ ምግብ

les viandes froides

ቀዝቃዛ ቁራጭ

les conserves

የታሽገ ምግብ

le détergent à lessive en poudre

የማጠቢያ ዱቄት

les sucreries

ጣፋጮች

les produits d'entretien ménager

የቤት ዉስጥ ዉጤቶች

les produits d'entretien

የዕዳት ምርቶች

la vendeuse

የሽያጭ ባለሙያ

la caisse

የገንዘብ መመዝበያ ማሽን

le caissier

የሒሳብ ሰራተኛ

la liste de provisions

የግብር ዝርዝር

les heures d'ouverture

ክፍት ሰዓታት

le portefeuille

የኪስ ቦርሳ

la carte de crédit

ክሬዲት ካርድ

le sac

ቦርሳ

le sac plastique

የፕላስቲክ ቦርሳ

le supermarché - የሸቀጣ ሸቀጥ መደብር

les boissons
መጠጦች

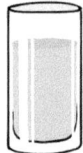

l'eau
ውሃ

le jus
ጭማቂ

le lait
ወተት

le cola
ኮካ-ኮላ

le vin
ወይን

la bière
ቢራ

l'alcool
አልኮል

le cacao
ኮካ

le thé
ሻይ

le café
ቡና

l'expresso
የተፈላ ቡና

le cappuccino
ካፑቺኖ

les aliments

ምግብ

la banane

ሙዝ

la pomme

ፖም

l'orange

ብርቱካን

le melon d'eau

ሀብሀብ

le citron.

ሎሚ.

la carotte

ካሮት

l'ail

ነጭ ሽንኩርት

le bambou

ሽምበቆ

l'oignon

ቀይ ሽንኩርት

le champignon

እንጉዳይ

les noix

ለዉዝ

les nouilles

የሀፃናት ምግብ

les aliments - ምግብ

les spaghettis

ፓስታ

le riz

ሩዝ

la salade

ሰላጣ

les frites

የድንች ጥብስ

les pommes de terre sautées

ድንች ጥብስ

la pizza

ፒዛ

le hamburger

ዳቦ ዉስጥ በስሱ ተጠብሶ የገባ ስጋ

le sandwich

ሳንድዊች

l'escalope

ጥሬ ስጋ

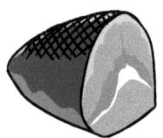

le jambon

የአሳማ ስጋ

le salami

በቅመምና በጨዉ የታሸ ምግብ ቀዝቅዞ የሚበላ ሾርባ ምግብ

la saucisse

ቋሊማ

le poulet

ዶሮ

le rôti

ጥብስ

le poisson

አሳ

les aliments - ምግብ

le gruau d'avoine

የአጃ ገንፎ

le muesli

ከወተት ጋር ተደባልቀዉ የሚበሉ ምግቦች

les flocons de maïs

የበቆሎ ቅርፊት

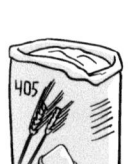

la farine

ዱቄት

le croissant

ኩራሳ

le petit pain

ድብልብል ዳቦ

le pain

ዳቦ

la rôtie

መጥበስ

les biscuits

ብስኩት

le beurre

ቅቤ

le caillé

እርጎ

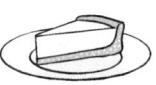

le gâteau

ኬክ

l'œuf

እንቁላል

l'œuf miroir

እንቁላል ጥብስ

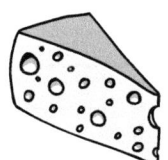

le fromage

አይብ

les aliments - ምግብ

la crème glacée
በረዶ ክሬም

le sucre
ስኳር

le miel
ማር

la confiture
ማርማላት

la crème de nougat
ተናጠ ወተት ክሬም

le cari
ማጣፈጫ

les aliments - ምግብ

la ferme
እርሻ

la ferme
የገበራ ቤት

la grange
የእህልና የከብት ማቀመጫ
ቤት

le cheval
ፈረስ

le poulain
የፈረስ ዉርንጭላ

le ballot de paille
የጭድ ክምር

le champ
ሜዳ

le tracteur
የእርሻ መኪና

la remorque
ተሳቢ መኪና

l'âne
አህያ

l'agneau
የበግ ጠቦት

le mouton
በግ

la chèvre

ፍየል

la vache

ላም

le veau

ጥጃ

le porc

አሳማ

le porcelet

ግልገል አሳማ

le taureau

ኮርማ

la ferme - እርሻ

l'oie
ዝይ

le canard
ዳክዬ

le poussin
የዶሮ ጫጩት

la poule
ዶር

le coq
አዉራ ዶሮ

le rat
አይጥ

le chat
ደድመት

la souris
አይጥ

le bœuf
በሬ

le chien
ዉሻ

la niche
የዉሻ ቤት

le tuyau d'arrosage
የአትክልት ቦታ

l'arrosoir
ዉሃ ማጠጫ ባልዲ

la faux
ረጅም ማጭድ

la charrue
ማረሻ

la ferme - እርሻ

la faucille

ማጭድ

la binette

መኮትኮቻ

la fourche à foin

የእህል መንሻ

la hache

መጥረቢያ

la brouette

ኩርኩር/ የእጅ ጋሪ

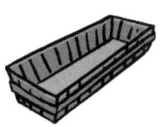

l'auge

ገንዳ

le pot à lait

የወተት ዕቃ

le grand sac

ጆንያ ከረጢት

la clôture

አጥር

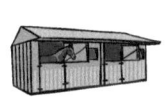

l'écurie

የፈረስ ጋጣ

la serre

ዕፅዋት ማሳደጊያ የመስታዉት ቤት

le sol

አፈር

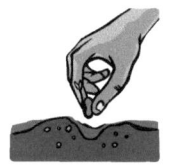

les graines

ዘር

l'engrais

የመሬት ማዳበሪያ

la moissonneuse-batteuse

ጥምር ማረሻ

la ferme - እርሻ

récolter

አዝመራ መሰብሰብ

la récolte

አዝመራ

l'igname

ድንች

le blé

ስንዴ

le soja

ሶያ

la pomme de terre

ድንች

le maïs

በቆሎ

la graine de colza

የከብት መኖ

l'arbre fruitier

የፍሬ ዛፍ

le manioc

የካሳቫ ዛፍ

les grains

እህል

la ferme - እርሻ

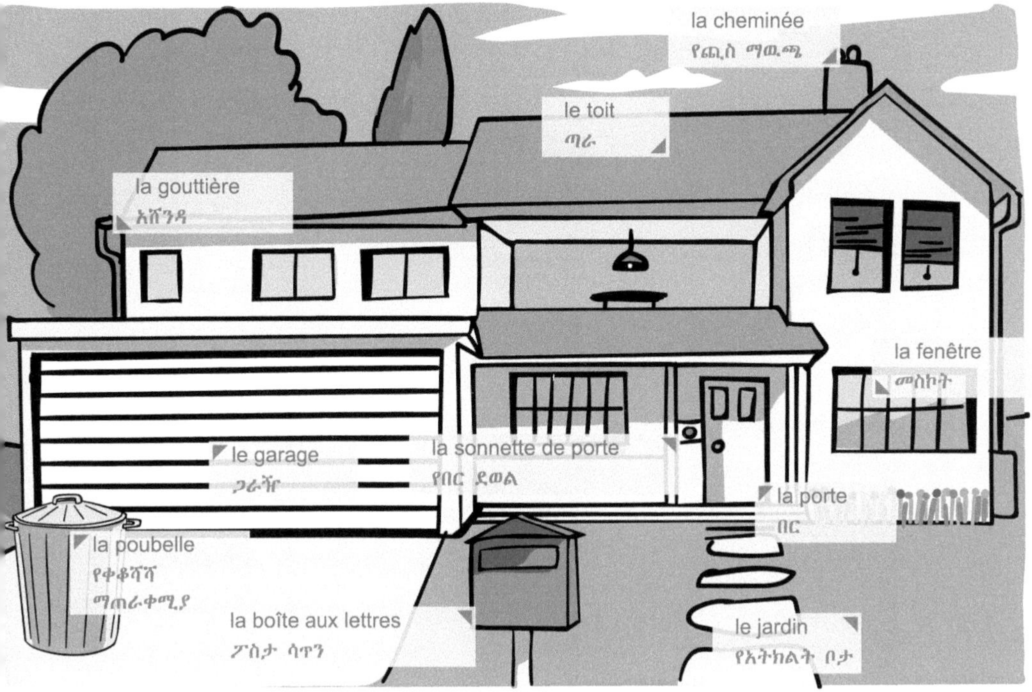

la maison
ቤት

la cheminée
የጪስ ማዉጫ

le toit
ጣራ

la gouttière
አሸንዳ

la fenêtre
መስኮት

le garage
ጋራዥ

la sonnette de porte
የበር ደወል

la porte
በር

la poubelle
የቆሻሻ ማጠራቀሚያ

la boîte aux lettres
ፖስታ ሳጥን

le jardin
የአትክልት ቦታ

la salle de séjour
ሳሎን

la salle de bains
መታጠቢያ ቤት

la cuisine
ማድቤት

la chambre à coucher
መኝታ ቤት

la chambre d'enfant
የልጅ ክፍል

la salle à manger
መመገቢያ ክፍል

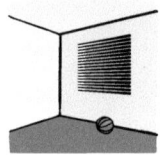	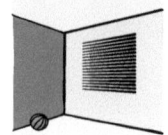	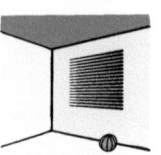
le plancher ወለል	le mur ግድግዳ	le plafond ጣሪያ

le cellier ምድር ቤት	le sauna በእንፋሎት ሙቀት መታጠቢያ ቤት	le balcon ሰገነት
	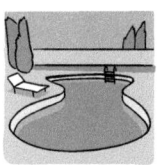	
la terrasse ከፍ ያለ መደብ	la piscine የመዋኛ ገንዳ	la tondeuse à gazon የማጨጃ መኪና
		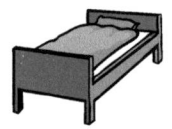
le drap አንሶላ	le jeté de lit የአልጋ ልብስ	le lit አልጋ

le balai መጥረጊያ	le seau ባልዲ	l'interrupteur ማብሪያና ማጥፊያ

la maison - ቤት

la salle de séjour
ሳሎን

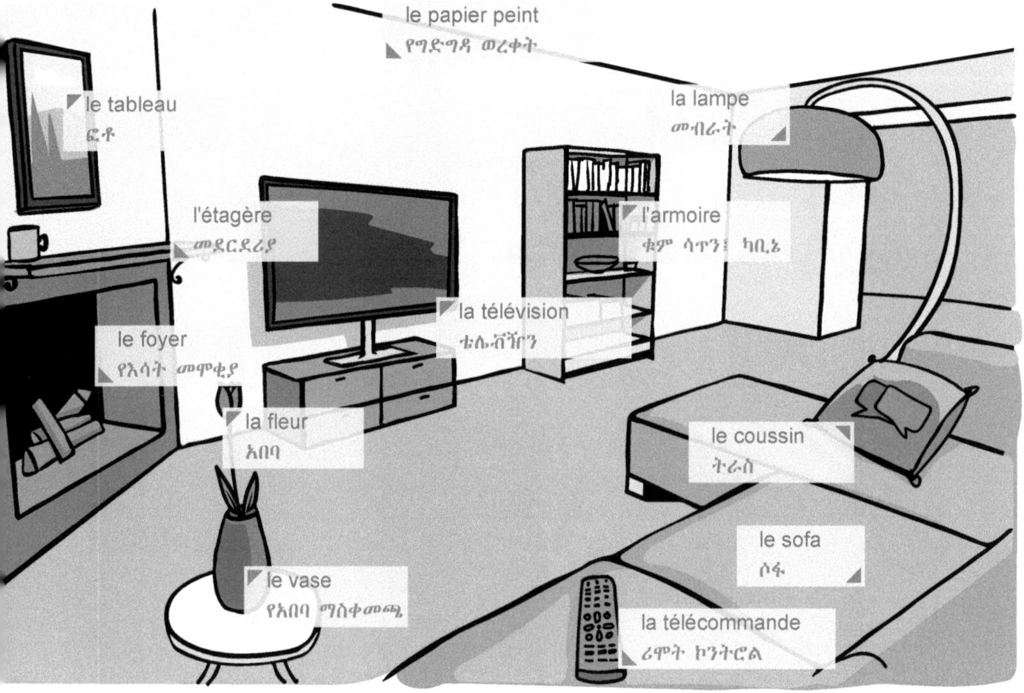

- le papier peint — የግድግዳ ወረቀት
- le tableau — ፎቶ
- la lampe — መብራት
- l'étagère — መደርደሪያ
- l'armoire — ቁም ሳጥን፤ ካቢኔ
- le foyer — የእሳት መሞቂያ
- la télévision — ቴሌቪዥን
- la fleur — አበባ
- le coussin — ትራስ
- le vase — የአበባ ማስቀመጫ
- le sofa — ሶፋ
- la télécommande — ሪሞት ኮንትሮል

le tapis
ንጣፍ

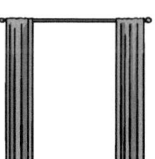

le rideau
መጋረጃ

la table
ጠረጴዛ

la chaise
ወንበር

la berceuse
ተወዛዋዥ ወንበር

le fauteuil
ባለመደገፊያ ወንበር

le livre

መጽሐፍ

la couverte

ብርድ ልብስ

la décoration

ጌጥ

le bois de chauffage

ማገዶ

le film

ፊልም

la chaîne hi-fi

የሙዚቃ መማሪጫዎቹ

la clé

ቁልፍ

le journal

ጋዜጣ

la peinture

ስዕል

l'affiche

የተለጠፈ ማስታወቂያ እንደ ስዕል

la radio

ራዲዮ

le bloc-notes

ማስታወሻ ደብተር

l'aspirateur

የአየር ማፅጃ ለምንጣፍ

le cactus

ቁልቋል

la chandelle

ሻማ

la salle de séjour - ሳሎን

la cuisine
ማድቤት

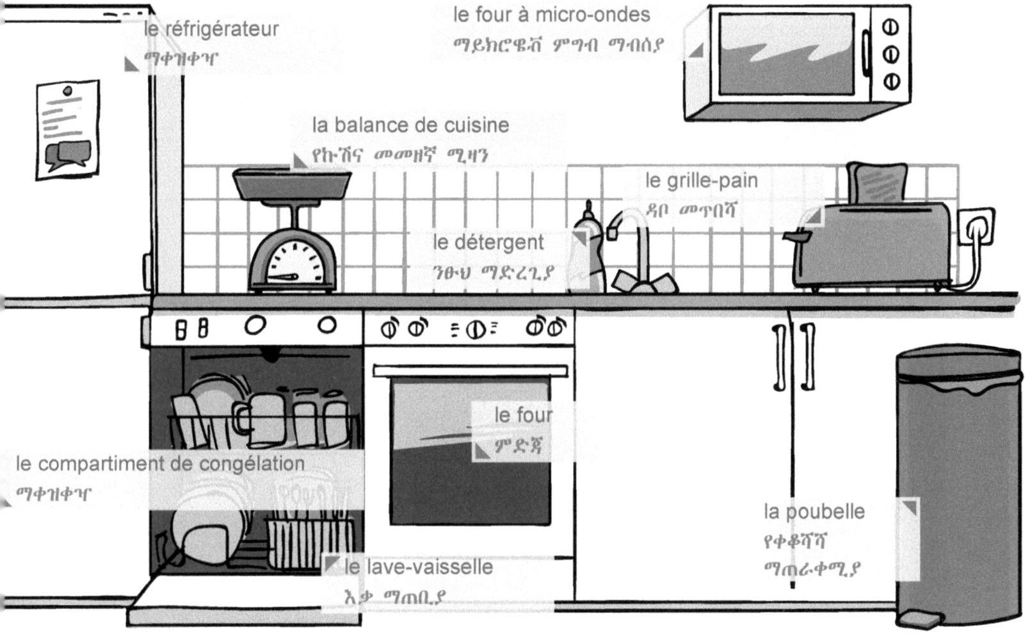

le réfrigérateur
ማቀዝቀዣ

le four à micro-ondes
ማይክሮዌቭ ምግብ ማብሰያ

la balance de cuisine
የኩሽና መመዘኛ ሚዛን

le détergent
ንጹህ ማድረጊያ

le grille-pain
ዳቦ መጥበሻ

le compartiment de congélation
ማቀዝቀዣ

le four
ምድጃ

la poubelle
የቀቃሻ ማጠራቀሚያ

le lave-vaisselle
እቃ ማጠቢያ

la cuisinière
ምግብ አብሳይ

la marmite
ማሰሮ

la cocotte en fonte
የብረት ማሰሮ

le wok/kadai
ምግብ ማብሰያ ዝርግ ድስት

la poêle
የምግብ መጥበሻ

la bouilloire
ማንቆርቆሪያ

le cuiseur à vapeur

የእንፋሎት ማብሰያ

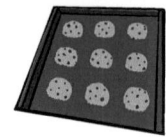

la plaque à patisserie

የመጋገሪያ ትሪ

la vaisselle

ሰብስቦች

la grande tasse

ትልቅ ኩባያ

le bol

ጎድጓዳ ሳህን

les baguettes

ቾፕስቲክስ

la louche

ጭልፋ

la spatule

መስቅሰቂያ ዝርግ ማንኪያ

le fouet

ማደባለቂያ

la passoire

መወጠሪያ

le tamis

ወንፈት

la râpe

መፈርፈሪያ መሳሪያ

le mortier

ሲሚንቶ

le barbecue

የፍም ጥብስ

le foyer

የተለቀቀ እሳት

la cuisine - ማድቤት

la planche à découper

መክተፊያ

le rouleau à pâtisserie

ተንሸራታች መርፌ

le tire-bouchon

የጠርሙስ መክፈቻ

la boîte à conserves

ጣሳ

l'ouvre-boîte

የጣሳ መክፈቻ

la mitaine de four

የማሰሮ መሽፈኛ

l'évier

ሳህን ማጠቢያ

la brosse

ብሩሽ

l'éponge

ስፖንጅ

le mélangeur

መደባለቂያ መሳሪያ

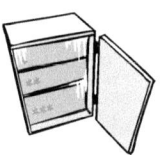

le congélateur

በጣም ማቀዝቀዣ

le biberon

ጡጦ

le robinet

ቧንቧ

la cuisine - ማድቤት

37

la salle de bains
መታጠቢያ ቤት

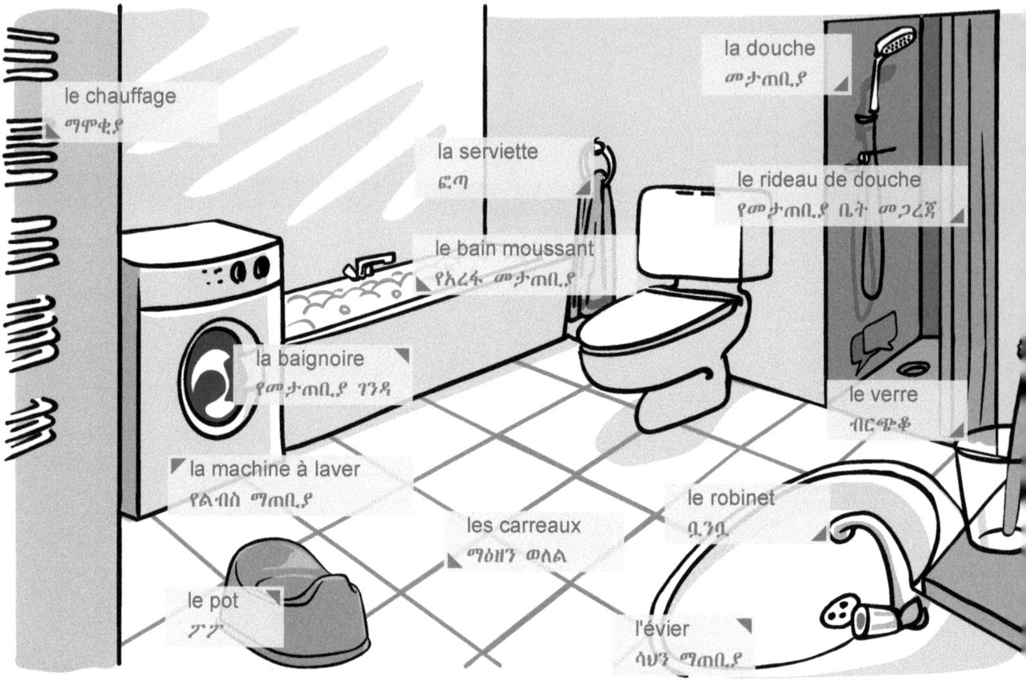

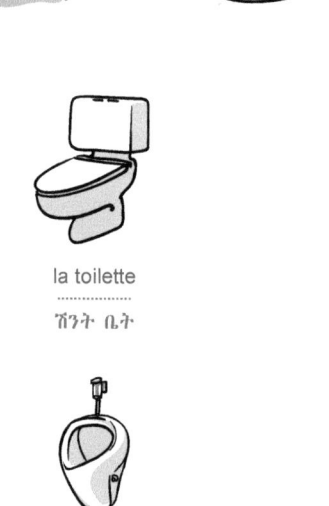

- le chauffage — ማሞቂያ
- la douche — መታጠቢያ
- la serviette — ፎጣ
- le rideau de douche — የመታጠቢያ ቤት መጋረጃ
- le bain moussant — የአረፋ መታጠቢያ
- la baignoire — የመታጠቢያ ገንዳ
- le verre — ብርጭቆ
- la machine à laver — የልብስ ማጠቢያ
- les carreaux — ማዕዘን ወለል
- le robinet — ቧንቧ
- le pot — ጋን
- l'évier — ሳህን ማጠቢያ

la toilette
ሽንት ቤት

la toilette turque
የሽንት ቤት መቀመጫ

le bidet
ሳፉ

l'urinoir
የመንገድ ዳር መሽኛ

le papier hygiénique
የሽንት ቤት ወረቀት

la brosse à toilette
የሽንት ቤት ማዕጃ ብሩሽ

la brosse à dents
የጥርስ ብሩሽ

le dentifrice
የጥርስ ሳሙና

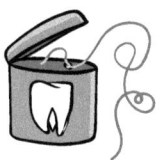
la soie dentaire
የጥርስ ማፅጃ ክር

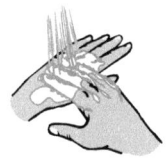
laver
መታጠብ

la douchette
የእጅ መታጠቢያ

la douche vaginale
መታጠቢያ

la cuvette
ጎድጓዳ ሳህን

la brosse pour le dos
የጀርባ ብሩሽ

le savon
ሳሙና

le gel douche
መታጠቢያ የሚዝለገልግ ሳሙና

le shampooing
የፀጉር መታጠቢያ ሳሙና

la débarbouillette
ለስላሳ ጨርቅ

le drain
ፍሳሽ

la crème
ክሬም

le déodorant
ጠረን መቀየሪያ ንጥረ ነገር

la salle de bains - መታጠቢያ ቤት

le miroir

መስታወት

le miroir à main

የእጅ መስታወት

le rasoir

ምላጭ

la mousse à raser

የመላጫ አረፋ

l'après-rasage

ከመላጨት በኋላ የሚቀባ ሽቱ

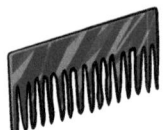

le peigne

ማበጠሪያ

la brosse

ብሩሽ

le sèche-cheveux

የፀጉር ማድረቂያ

la laque

በፀጉር ላይ የሚነፋ

le maquillage

የፊት መቀባቢያ

le rouge à lèvres

የከንፈር ቀለም

le vernis à ongles

የጥፍር ቀለም

l'ouate

የጥጥ ሱፍ

les ciseaux à ongles

ጥፍር መቁረጫ

le parfum

ሽቶ

la salle de bains - መታጠቢያ ቤት

la trousse de toilette

ማጠቢያ ባልዲ

le tabouret

መቀመጫ

le pèse-personne

ሚዛን

le peignoir

የመታጠቢያ ልብስ

les gants de caoutchouc

የላስቲክ ጓንት

le tampon

ሞዴስ

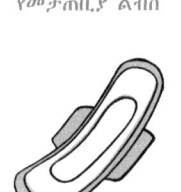

les serviettes hygiéniques

የዕዳት ፎጣ

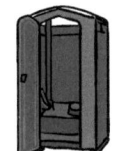

la toilette chimique

የሽንት ቤት ኬሚካል

la salle de bains - መታጠቢያ ቤት

la chambre d'enfant

የልጅ ክፍል

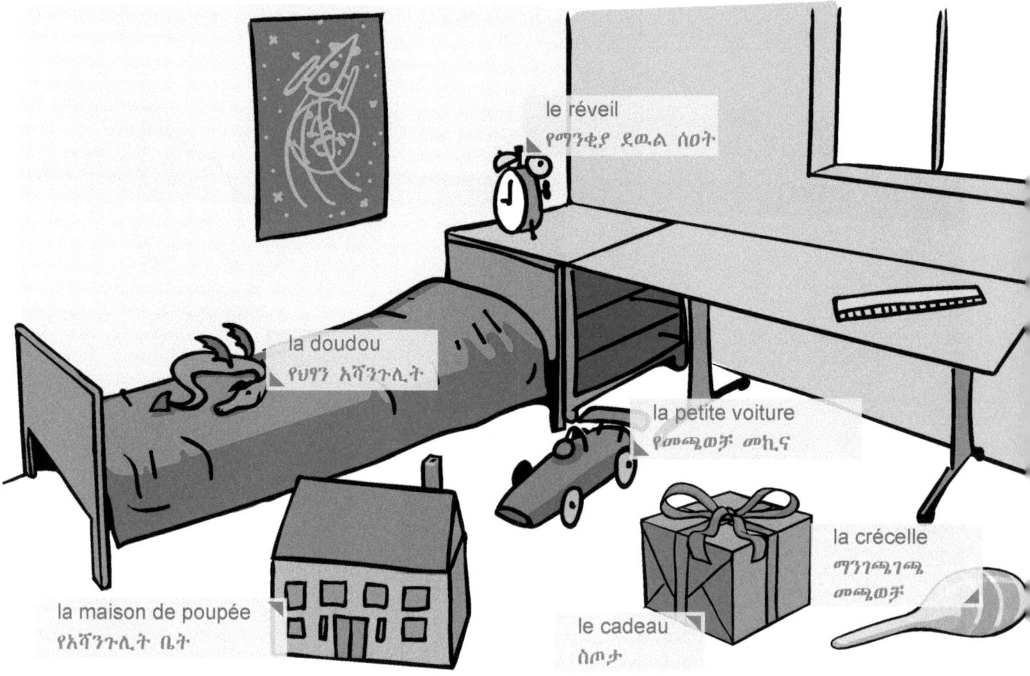

le réveil
የማንቂያ ደዉል ሰዐት
la doudou
የህፃን አሻንጉሊት
la petite voiture
የመጫወቻ መኪና
la crécelle
ማንገጫገጫ መጫወቻ
la maison de poupée
የአሻንጉሊት ቤት
le cadeau
ስጦታ

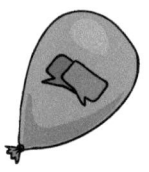

le ballon

ፊኛ

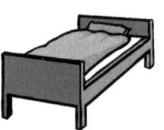

le lit

አልጋ

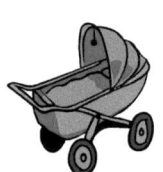

le landau

የህፃን ማንሸራሸሪያ ጋሪ

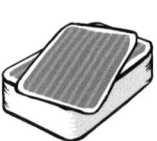

le jeu de cartes

የካርታ መጫወቻ

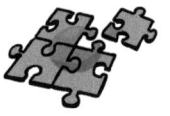

le casse-tête

ቁርጥራጭ ምስሎችን የማገጣጠም
እና ምስል የማግኘት ጨዋታ

SUPER
MEGA

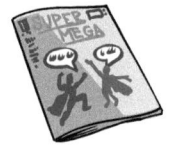

la bande dessinée

አዝናኝ

les blocs LEGO
ተገጣጣሚ መጫወቻ

le jeu de briques
የመጫወቻ መገጣጠሚያዎች

la figurine articulée
የድርጊት ምስል

la dormeuse
የህፃን እድገት

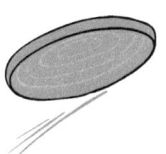
le disque volant
የፕላስቲክ መጫወቻ ዝርግ ሰህን

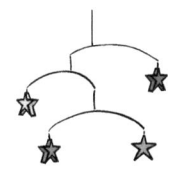
le mobile
ተወዛዋዥ የህፃን ማጫወቻ

le jeu de société
የሰሌዳ ጨዋታ

le dé
የመጫወቻ ጠጠር

l'ensemble de modèles de train
የመጫወቻ ባቡር

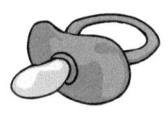
le mannequin
የእንጀራ እናት ጡጦ

la fête
ድግስ

le livre d'images
የስዕል መጽሀፍ

la balle
ኳስ

la poupée
አሻንጉሊት

jouer
መጫወት

le bac à sable
የአሸዋ መጫወቻ

la balançoire
ሽዋሽዌ

les jouets
መጫወቻዎች

la console de jeu vidéo
የቪዲዮ መጫወቻ

le tricycle
ባለ ሶስት ጎማ ብስክሌት

l'ours en peluche
የአሻንጉሊት ድብ

la garde-robe
ቁምሳጥን

les vêtements
አልባሳት

les chaussettes
ካልሲዎች

les bas
ስቶኪንጎች

le collant
ታይት

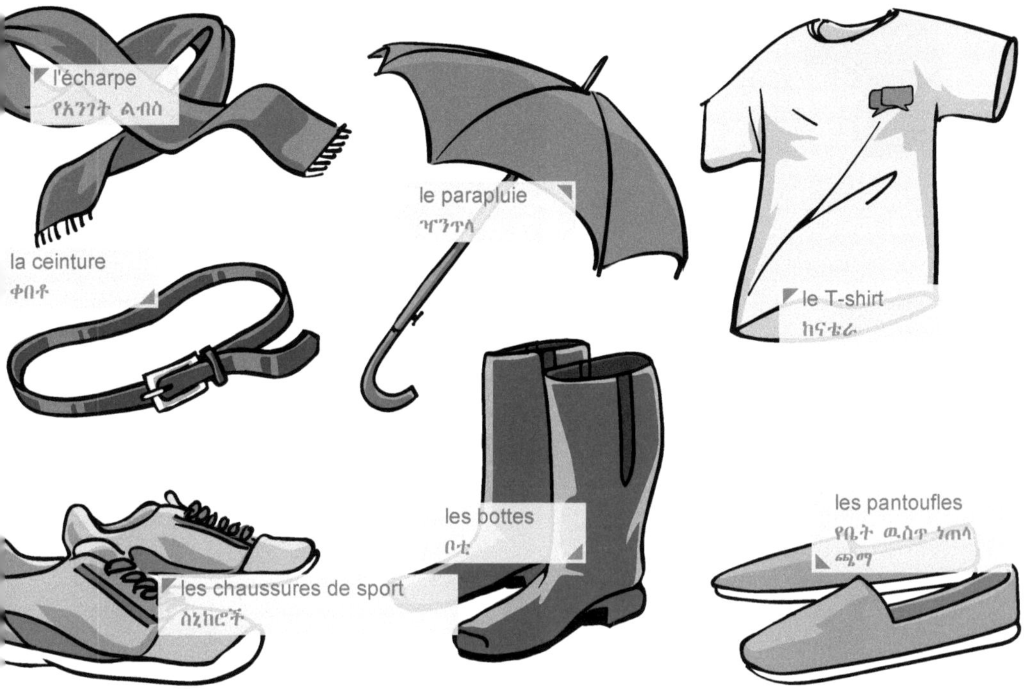

l'écharpe
የአንገት ልብስ

le parapluie
ዣንጥላ

le T-shirt
ከናቴራ

la ceinture
ቀበቶ

les bottes
ቦቲ

les pantoufles
የቤት ዉስጥ ነጠላ ጫማ

les chaussures de sport
ስኒከሮች

les sandales

ነጠላ ጫማዎች

les souliers

ጫማዎች

les bottes de caoutchouc

የዝናብ ቡትስ

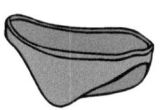

les sous-vêtements

ሙታንታ

le soutien-gorge

ጡት መያዣ

le gilet

ሰደርያ

les vêtements - አልባሳት   45

le body
ሰዉነት

le pantalon
ሱሪዎች

le jean
ጅንስ

la jupe
ጉርድ ቀሚስ

le chemisier
ሽሚዝ

la chemise
ሽሚዝ

le chandail
የሚጠለቅ ሹራብ

le chandail à capuche
ሹራብ

le blazer
ዩኒፎርም ጃኬት

la veste
ጃኬት

le manteau
ኮት

le manteau de pluie
የዝናብ ኮት

le complet
ልብስ

la robe
ቀሚስ

la robe de mariée
የሙሽራ ቀሚስ

les vêtements - አልባሳት

le tailleur
ሱፍ

la chemise de nuit
የለሊት ልብስ

le pyjama
የለሊት ልብስ

le sari
ረጅም ቀሚስ

le foulard
ሂጃብ

le turban
ጥምጣም

la burqa
ቡርቃ

le cafetan
ሸርጥ

l'abaya
አባያ

le maillot de bain
የዋና ልብስ

le maillot short
አጭር ቁምጣ

la culotte courte
ቁምጣዎች

le survêtement
የስራ ቱታ

le tablier
ሸርጥ

les mitaines
ጓንት

les vêtements - አልባሳት

le bouton
ቁልፍ

les lunettes
መነፅር

le bracelet
አምባር

le collier
የአንገት ሀብል

la bague
ቀለበት

la boucle d'oreille
የጆሮ ጌጥ

la tuque
ኮፍያ

le cintre
የኮት መስቀያ

le chapeau
ኮፍያ

la cravate
ከረባት

la fermeture à glissière
ዚፕ

le casque
የብረት ቆብ

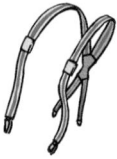
les bretelles
መደገፊያ

l'uniforme scolaire
የትምህርት ቤት የደንብ ልብስ

l'uniforme
የደንብ ልብስ

le bavoir
መሃረብ

le mannequin
የአንጅራ እናት ጡጦ

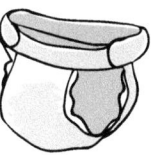
la couche
ሽንት ጨርቅ

le bureau
ቢሮ

le serveur
ማሰራጫ ጣቢያ

le classeur
የፋይል መደርደሪያ ካቢኔ

l'imprimante
የህትመት መሳሪያ

le moniteur
መቆጣጠሪያ

le papier
ወረቀት

le bureau de travail
መሥሪያ ጠረጴዛ

la souris
ማዉዝ

la chemise
ማህደር

le clavier
የመፃፊ ቁልፎች

la corbeille à papier
የቆሻሻ ወረቀት መጣያ ቅርጫት

l'ordinateur
ኮምፒዉተር

la chaise
ወንበር

la grande tasse à café
የቡና መጠጫ ትልቅ ኩባያ

la calculatrice
ማስሊያ ማሽን

l'Internet
ኢንተርኔት

l'ordinateur portable

ላፕቶፕ

la lettre

ደብዳቤ

le message

መልዕክት

le téléphone cellulaire

ተንቀሳቃሽ ስልክ

le réseau

የግንኙነት አዉታር

le photocopieur

ማባዣ ማሽን

le logiciel

ሶፍትዌር

le téléphone

ስልክ

la prise de courant

የግድግዳ ሶኬት

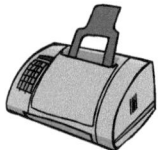

le télécopieur

የፋክስ ማሽን

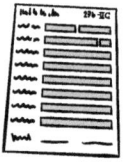

le formulaire

ቅፅ

le document

ሰነድ

le bureau - ቢሮ

l'économie

ኢኮኖሚ

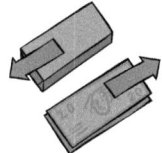
acheter
መግዛት

payer
መክፈል

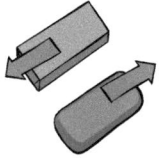
commercer
መነገድ

l'argent
ገንዘብ

le dollar
ዶላር

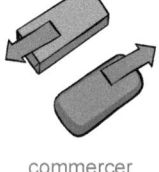
l'euro
ዩሮ

le yen
የን

le rouble
ሩብል

le franc suisse
የስዊዝ ፍራንክ

le renminbi yuan
ሬንሚንቢ ዮዋን

la roupie
ሩጺ

le distributeur de billets

የገንዘብ ነጣብ

le bureau de change
ዉጭ ገንዘብ ምንዛሪ ቢሮ

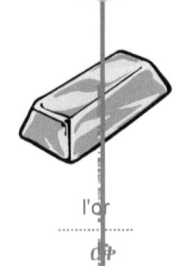
l'or
ወርቅ

l'argent
ብር

le pétrole
ዘይት

l'énergie
ሀይል፤ ኃልበት

le prix
ዋጋ

le contrat
ግንኙነት

la taxe
ቀሪጥ

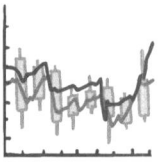
les actions
አክስዮን

travailler
መስራት

l'employé
ተቀጣሪ

l'employeur
ቀጣሪ

l'usine
ፋብሪካ

le magasin
ሱቅ

l'économie - ኢኮኖሚ

les professions
የስራ ሙያዎች

- l'agent de police — ሊስ ዛሽራ
- le pompier — እሳት ደጋ ሰራተኛ
- le pilote — ብራሪ
- le cuisinier — ግብ ብሳይ
- le docteur — ዶክተር

le jardinier
ትክልተኛ

le charpentier
ናጢ

le couturier
ልብስ ሰፊ ሴት

le juge
ዳኛ

le pharmacien
ቀማሚ

l'acteur
ተዋናይ

les professions - ስራ ያዎች

le chauffeur d'autobus
የአዉቶቢስ ሹፌር

le chauffeur de taxi
የታክሲ ሹፌር

le pêcheur
አሳ አጥማጅ

la femme de ménage
ፅዳት ሰራተኛ

le couvreur
የጣራ ሰራተኛ

le serveur
አስተናጋጅ

le chasseur
አዳኝ

le peintre
ሰዓሊ

le boulanger
ጋጋሪ

l'électricien
የኤሌትሪክ ሰራተኛ

le constructeur de bâtiments
ገምቢ

l'ingénieur
መሃሃዲስ

le boucher
ልካንዳ

le plombier
የቧንቧ ሰራተኛ

le facteur
የፖስታ ሰራተኛ

les professions - የስራ ሙያዎች

le soldat

ወታደር

l'architecte

መሃንዲስ

le caissier

የሒሳብ ሰራተኛ

le fleuriste

አበባ ሻጭ

le coiffeur

የፀጉር ሰራተኛ

le chef de train

ቲኬት ቆራጭ

le mécanicien

መካኒክ

le capitaine

ካፒቴን

le dentiste

የጥርስ ሐኪም

le scientifique

ተመራማሪ

le rabbin

መምህር

l'imam

የሙስሊም ሃይማኖታዊ መሪ

le moine

መነኩሴ

l'ecclésiastique

ካህን

les professions - የስራ ሙያዎች

les outils
መሳሪያዎች

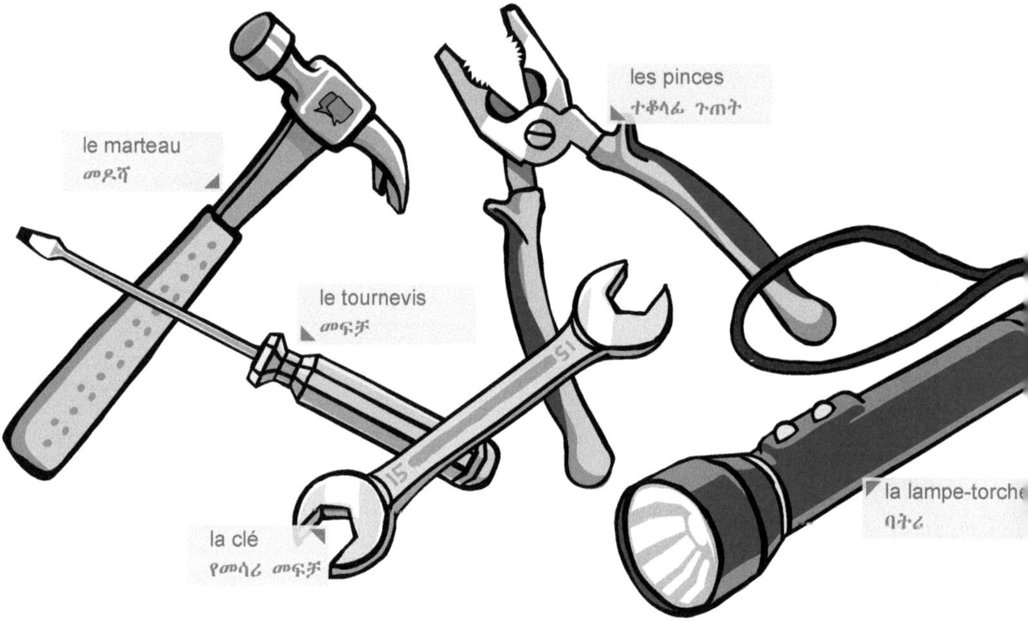

le marteau
መዶሻ

les pinces
ተቆላፊ ጉጠት

le tournevis
መፍቻ

la clé
የመሳሪ መፍቻ

la lampe-torche
ባትሪ

l'excavatrice
በቁፋሮ የሚዝቅ

la boîte à outils
የመፍቻ ሳጥን

l'échelle
መሰላል

la scie
መጋዝ

les clous
ምስማር

la perceuse
መሰርሰሪያ

réparer

መጠገን

la pelle

አካፋ

Tabarnouche !

የተረገመ!

la pelle à poussière

ቆሻሻ ማፈሻ

le pot de peinture

የቀለም ቆርቆሮ

les vis

ብሎን

les instruments de musique
ሙዚቃ መሳሪያዎች

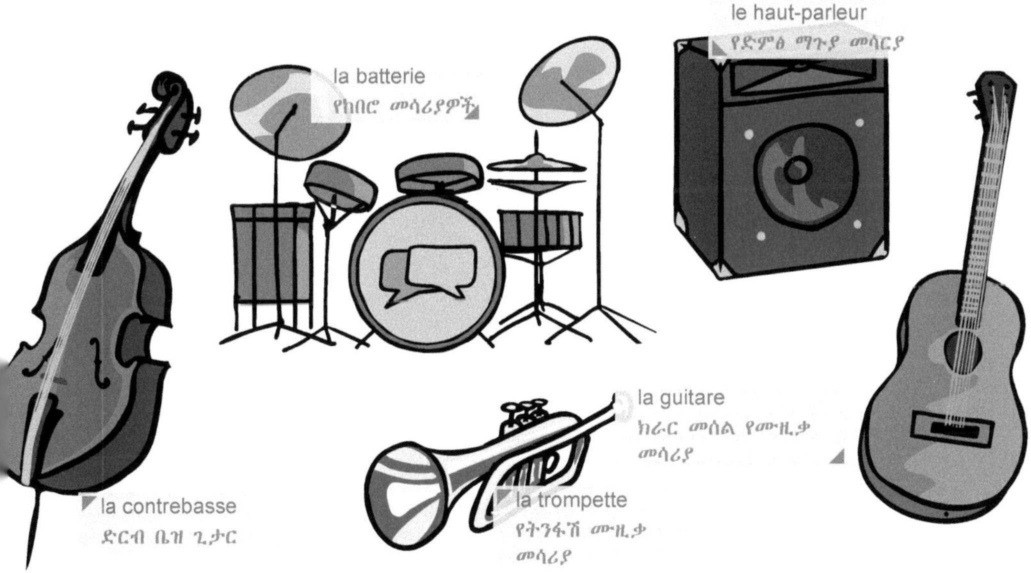

le haut-parleur
የድምፅ ማጉያ መሳሪያ

la batterie
የከበሮ መሳሪያዎች

la guitare
ክራር መሰል የሙዚቃ መሳሪያ

la contrebasse
ድርብ ቤዝ ጊታር

la trompette
የትንፋሽ ሙዚቃ መሳሪያ

le piano	le violon	la basse
ያኖ	ቫዮሊን	ወፍራም፣ ጎርናና ድምፅ ያለዉ ክራር መሰል ሙዚቃ መሳሪያ
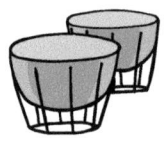		
les timbales	le tambour	le synthétiseur
ነጋሪት	ከበሮ	በኤሌክትሪክ የሚሰራ ኖ

le saxophone	la flûte	le microphone
የትንፋሽ ሙዚቃ መሳሪያ	ዋሽንት	የድምፅ ማጉያ

les instruments de musique - የሙዚቃ መሳሪያዎች

le zoo
የደር እንስሳት ማቆያ

- l'entrée — መግቢያ
- le tigre — ነብር
- la cage — ጥን
- le zèbre — የሜዳ አህያ
- la nourriture pour animaux — የእንስ ምግብ
- le panda — ትልቅ ድብ

les animaux

እንስ ቶች

l'éléphant

ዝሆን

le kangourou

ካንጋሮ

le rhinocéros

አዉራሪስ

le gorille

ትልቅ ዝንጀሮ

l'ours

ድብ

le chameau

ግመል

l'autruche

ሰጎን

le lion

አንበሳ

le singe

ጦጣ

le flamand rose

ቅልጥም ረዥም ወፍ

le perroquet

በቀቀን

l'ours polaire

የወዋለታ ድብ

le pingouin

የዋልታ ወፎች

le requin

ረጅም ጥርሶች ያሉትአሳ ነባር

le paon

ጣዎስ

le serpent

እባብ

le crocodile

አዞ

le gardien de zoo

የዱር አራዊት የሚጠበቁበት
ማቆያን የሚጠብቅ

le phoque

አሳ በሊታ የባህር እንስሳ

le jaguar

የዱር ድመት

le zoo - የደር እንስሳት ማቆያ

le poney

ድንክ ፈረስ

le léopard

ነብር

l'hippopotame

ጉማሬ

la girafe

ቀይኔ

l'aigle

ንስር

le sanglier

ከርከሮ

le poisson

አሳ

la tortue

የባህር ኤሊ

le morse

የባህር አዉሬ

le renard

ቀበሮ

la gazelle

የሜዳ ፍየል ፤ ሚዳቋ

les sports
የስፖርት አይነቶች

les activités
እንቅስቃሴዎች

les activités - እንቅስቃሴዎች

avoir

መያዝ

faire

ማድረግ

être

መሆን

être debout

መቆም

courir

መሮጥ

tirer

መሳብ

jeter

መወርወር

tomber

መዉደቅ

s'allonger

መዋሸት

attendre

መጠበቅ

porter

መሸከም

s'asseoir

መቀመጥ

s'habiller

መልበስ

dormir

መተኛት

se réveiller

መንቃት

les activités - እንቅስቃሴዎች

regarder
መመልከት

pleurer
ማለቀስ

caresser
መጫር

peigner
ማበጠር

parler
ማዊራት

comprendre
መረዳት

demander
ጥያቄ

écouter
ማዳመጥ

boire
መጠጣት

manger
መብላት

ranger
ማንፃት

aimer
ማፍቀር

cuisiner
ምግብ ማብሰል

conduire
መንዳት

voler
መብረር

les activités - እንቅስቃሴዎች

faire de la voile
መርከብ መንዳት

calculer
ቁጥሮችን ማስላት

lire
ማንበብ

apprendre
መማር

travailler
መስራት

se marier
ማግባት

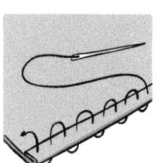
coudre
መስፋት

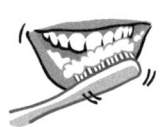
brosser les dents
ጥርስ መቦረሽ

tuer
መግደል

fumer
ማጨስ

envoyer
መላክ

les activités - እንቅስቃሴዎች

la famille
ቤተሰብ

- grand-mère — ሴት አያት
- le grand-père — የወንድ አያት
- le père — አባት
- la mère — እናት
- le bébé — ህፃን
- la fille — ሴት ልጅ
- le fils — ወንድ ልጅ

l'invité

እንግዳ

la tante

አክስት

l'oncle

አጎት

le frère

ወንድም

la sœur

እህት

le corps
አካል

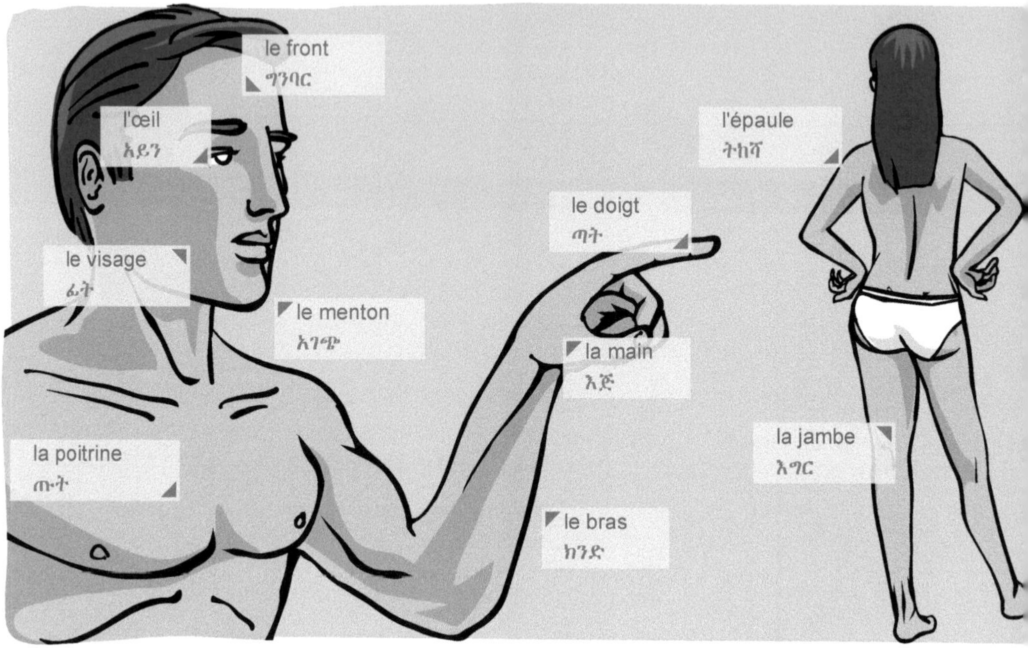

le front / ግንባር
l'œil / አይን
le visage / ፊት
le menton / አገጭ
le doigt / ጣት
la main / እጅ
la poitrine / ጡት
le bras / ክንድ
l'épaule / ትከሻ
la jambe / እግር

le bébé

ህፃን

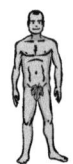

l'homme

ሰዉ

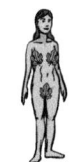

la femme

ሴት

la fille

ልጃገረድ

le garçon

ወንድ ልጅ

la tête

ራስ

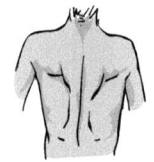

le dos
ጀርባ

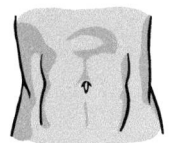

le ventre
ሆድ

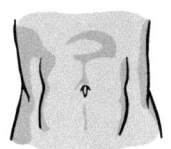

le nombril
እምብርት

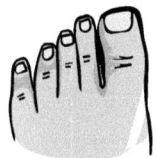

l'orteil
የእግር ጣት

le talon
ተረከዝ

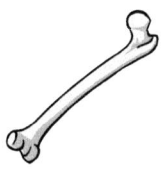

l'os
አጥንት

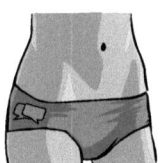

la hanche
ዳሌ

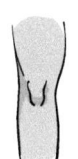

le genou
ጉልበት

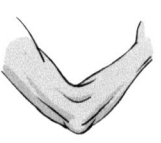

le coude
ክርን

le nez
አፍንጫ

le derrière
ቂጥ

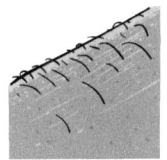

la peau
ቆዳ

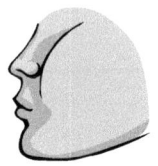

la joue
ጉንጭ

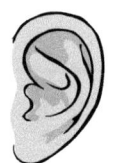

l'oreille
ጆሮ

la lèvre
ከንፈር

le corps - አካል

	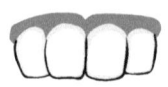	
la bouche አፍ	la dent ጥርስ	la langue ምላስ
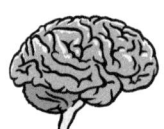	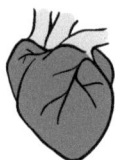	
le cerveau አንጎል	le cœur ልብ	le muscle ጡንቻ
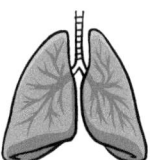		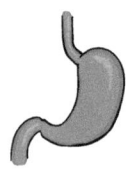
les poumons ሳምባ	le foie ጉበት	l'estomac ሆድ
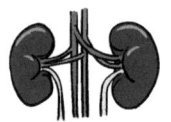		
les reins ኩላሊቶች	le rapport sexuel የግብረስጋ ግንኙነት	le condom ኮንዶም
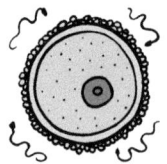		
l'ovule የሴት እንቁላል	le sperme የዘር ፈሳሽ	la grossesse እርግዝና

le corps - አካል

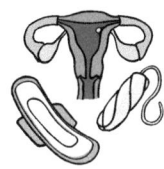

la menstruation

መር አበባ

le vagin

እምስ

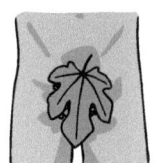

le pénis

ቁላ

le sourcil

ቅንድብ

les cheveux

ፀጉር

le cou

አንገት

l'hôpital
ሆስፒታል

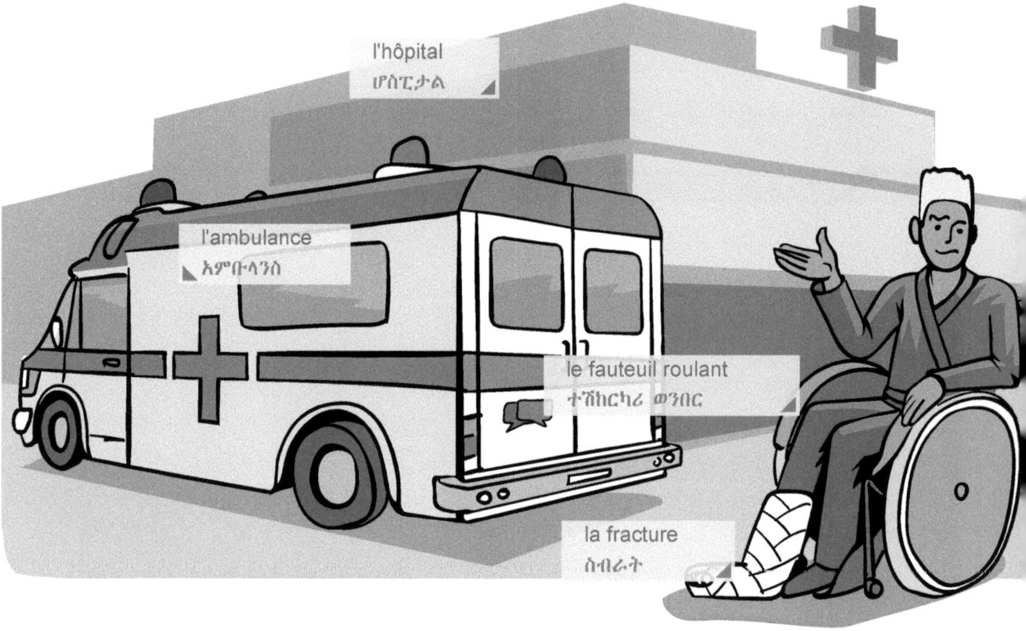

l'hôpital
ሆስፒታል

l'ambulance
አምቡላንስ

le fauteuil roulant
ተሽከርካሪ ወንበር

la fracture
ስብራት

le docteur
ዶክተር

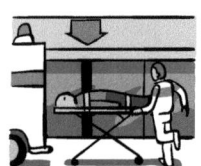

la salle des urgences
ድንገተኛ ክፍል

l'infirmier
ነርስ

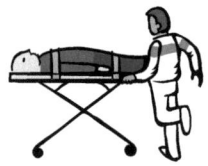

l'urgence
ድንገተኛ

inconscient
ራስን መሳት/ አለማወቅ

la douleur
ህመም

la blessure
ጉዳት

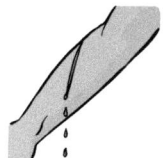
le saignement
መድማት

la crise cardiaque
የልብ ድካም

l'AVC
ስትሮክ

l'allergie
አለርጂ

la toux
ሳል

la fièvre
ትኩሳት

la grippe
ኢንፍሎዌንዛ

la diarrhée
ተቅማጥ

le mal de tête
የራስ ምታት

le cancer
ካንሰር

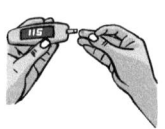
le diabète
የስኳር በሽታ

le chirurgien
ቀዶ ጠጋኝ ሐኪም

le scalpel
የቀዶ ጥገና ስለት

l'opération
ቀዶ ጥገና

l'hôpital - ሆስፒታል

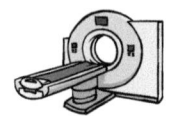
la tomodensitométrie
ሲቲ

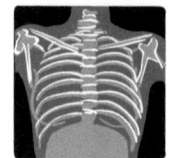
la radiographie
ኤክስሬዮ

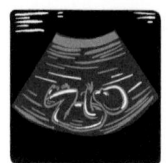
l'ultrason
አልትራሳዉንድ

le masque
የፊት ጭምብል

la maladie
በሽታ

la salle d'attente
መጠበቂያ ክፍል

la béquille
ምርኩዝ

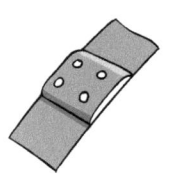
le sparadrap
የቁስል ማሸጊያ

le bandage
ፋሻ

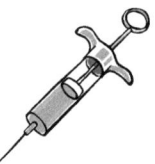
l'injection
መርፌ

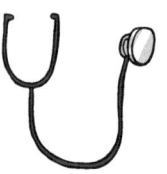
le stéthoscope
የልብ ምት ማዳመጫ መሳሪያ

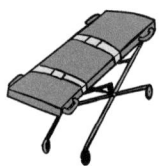
le brancard
የበሽተኛ አልጋ

le thermomètre médical
የህክምና ሙቀት መለኪያ መሳሪያ

l'accouchement
መውለድ

l'excès de poids
ከልክ ያለፈ ክብደት

l'hôpital - ሆስፒታል

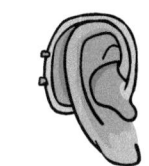  

l'appareil auditif	le désinfectant	l'infection
ለመስማት የሚረዳ መሳሪያ	ፀረ ተባይ መድህኒት	ማመርቀዝ

le virus	le VIH/ le sida	le médicament
ቫይረስ	ኤች አይቪ፣ ኤድስ	ህክምና

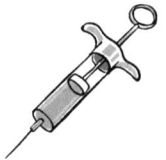 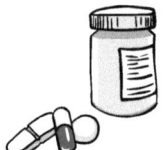 

la vaccination	les comprimés	la pilule
ክትባት	ኪኒን	ኪኒን

l'appel d'urgence	le tensiomètre	malade / en bonne santé
አስቸኳይ የስልክ ጥሪ	ደም ግፈት መቆጣጠሪያ	ህመም/ ጤንነት

l'hôpital - ሆስፒታል

l'urgence
ድንገተኛ

Au secours !
እርዳታ!

l'alarme
ማንቂያ ደዋል

l'assaut
ጥቃት

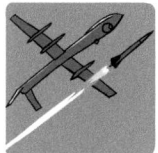
l'attaque
ድብደባ

le danger
አደጋ

la sortie de secours
የድንገተኛ መውጫ

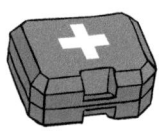
Au feu!
እሳት!

l'extincteur
እሳት ማጥፊያ

l'accident
አደጋ

la trousse de premiers soins

የመጀመሪያ እርዳታ መድሃኒት መያዣ

SOS
ነፍስ አድን

la police
ፖሊስ

la Terre
ምድር

l'Europe
አዉሮፓ

l'Amérique du Nord
ሰሜን አሜሪካ

l'Amérique du Sud
ደቡብ አሜሪካ

l'Afrique
አፍሪካ

l'Asie
እስያ

l'Australie
አዉስትራሊያ

l'océan Atlantique
አትላንቲክ

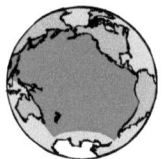
l'océan Pacifique
ፓስፊክ

l'océan Indien
የህንድ ዉቅያኖስ

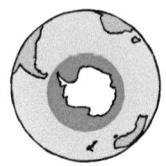
l'océan Antarctique
አንታርክቲክ ዉቅያኖስ

l'océan Arctique
አርክቲክ ዉቅያኖስ

le Pôle Nord
ሰሜን ዋልታ

le Pôle Sud
ደቡብ ዋልታ

l'Antarctique
አንታርክቲካ

la Terre
ምድር

la terre
መሬት

la mer
ባሕር

l'île
ደሴት

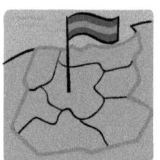

la nation
አገርና ህዝብ

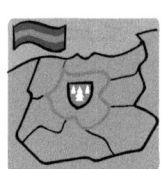

l'État
መንግስት

l'heure
ሰዓት

le cadran

የሰዓት ጊታ

l'aiguille des heures

ሰዓት

l'aiguille des minutes

ደቂቃ

l'aiguille des secondes

ሴኮንድ

Quelle heure est-il ?

ስንት ሰዓት ነው?

le jour

ቀን

le temps

ጊዜ

maintenant

አሁን

la montre à affichage numérique

የቁጥር ሰዐት

la minute

ደቂቃ

l'heure

ሰዓታት

la semaine
ሳምንት

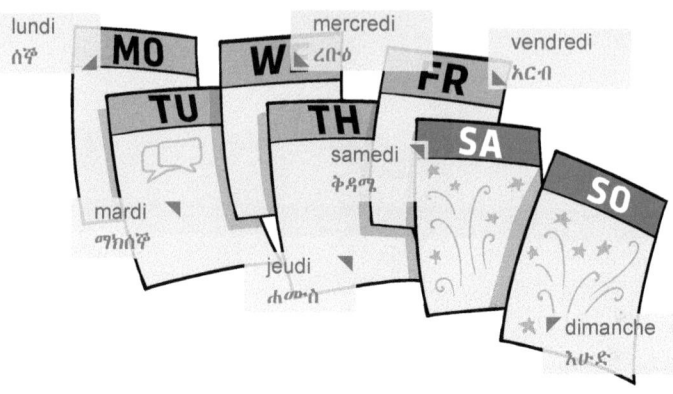

hier
ትላንት

aujourd'hui
ዛሬ

demain
ነገ

le matin
ማለዳ

le midi
ቀትር

le soir
ምሽት

les jours ouvrables
የስራ ቀናት

la fin de semaine
የዕረፍት ቀናት

l'année
መት

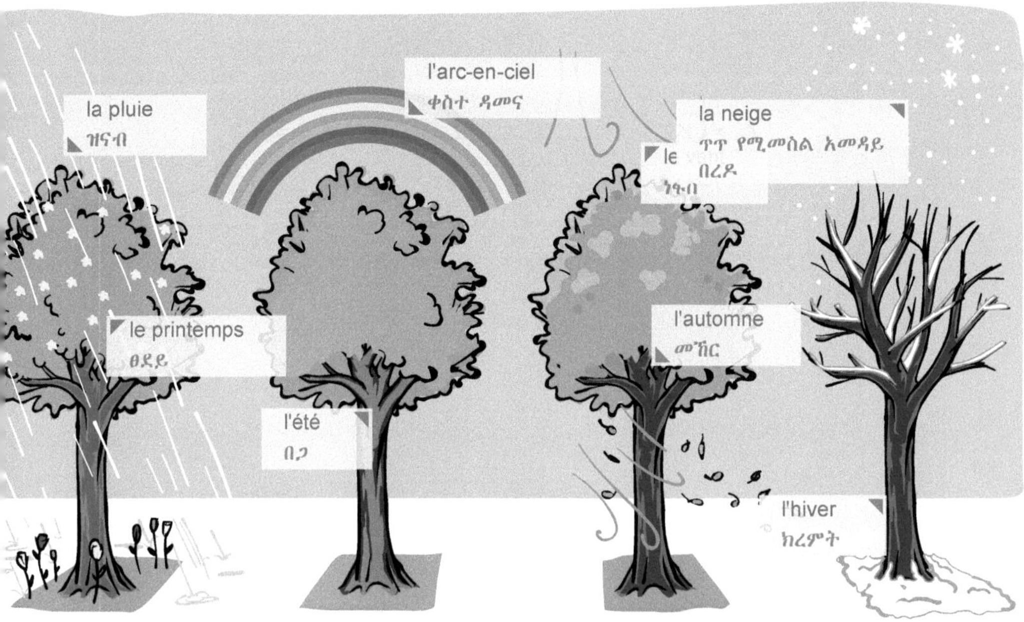

la pluie
ዝናብ

l'arc-en-ciel
ቀስተ ዳመና

la neige
ጥጥ የሚመስል አመዳይ በረዶ

le printemps
ፀደይ

l'été
በጋ

l'automne
መኸር

l'hiver
ክረምት

les prévisions météorologiques
የአየር ሁኔታ ትንበያ

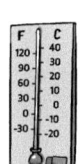

le thermomètre
የሙቀት መለኪያ

les rayons du soleil
የፀሀይ ሙቀት

le nuage
ደመና

le brouillard
ጭጋግ

l'humidité
እርጥበታማነት

l'année - ዓመት

la foudre

መብረቅ

le tonnerre

ነጎድጓድ

la tempête

አዉሎ ንፋስ

la grêle

የበረዶ ዝናብ

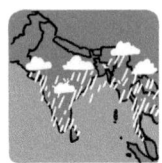

la mousson

አዉሎ ንፋስ

l'inondation

ጎርፍ

la glace

በረዶ

janvier

ጥር

février

የካቲት

mars

መጋቢት

avril

ሚያዚያ

mai

ግንቦት

juin

ሰኔ

juillet

ሐምሌ

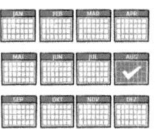

août

ነሐሴ

l'année - ዓመት

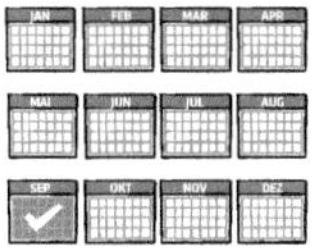

septembre
መስከረም

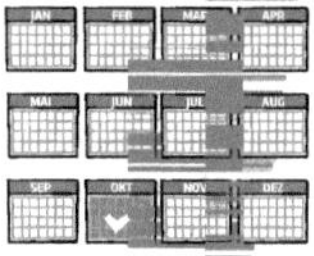

octobre
ጥቅምት

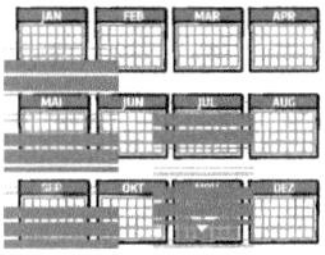

novembre
ህዳር

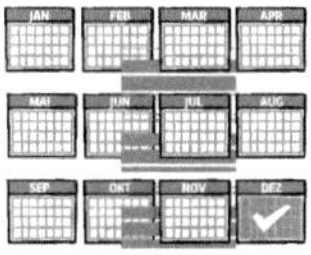

décembre
ታህሳስ

les formes
ቅርዮች

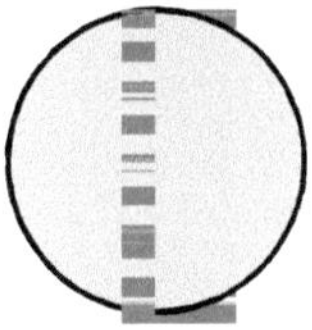

le cercle
ክብ

le carré
አራት ማዕዘን

le rectangle
አራቱም ማዕዘኖች ዓኖች ያሉት ቅርፅ

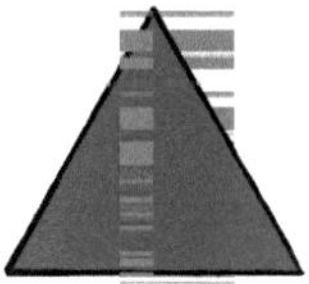

le triangle
ሶስት ማዕዘን

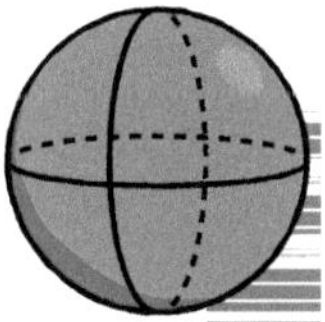

la sphère
ሉል

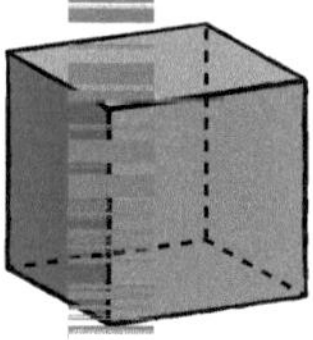

le cube
ስድስቱም ቻ ያለዉ ቅርፅ

les formes — ቅርዮች

les couleurs
ቀለማት

blanc

ነጭ

jaune

ቢጫ

orange

ብርቱካናማ

rose

ሮዝ

rouge

ቀይ

violet

ወይን ጠጅር

bleu

ሰማያዊ

vert

አረንጓዴ

marron

ቡኒ

gris

ግራጫ

noir

ጥቁር

les opposés
ተቃራኒዎች

beaucoup / un peu

ብዙ/ ጥቂት

en colère / calme

ንዴት/ እርጋታ

beau / laid

ቆንጆ/ አስቀያሚ

le début / la fin

ጅማሬ/ ፍፃሜ

grand / petit

ትልቅ/ ትንሽ

lumineux / sombre

ደማቅ/ ደብዛዛ

le frère / la sœur

ወንድም/ እህት

propre / sale

ንፁህ/ ቆሻሻ

complet / incomplet

የተሟላ/ ያልተሟላ

le jour / la nuit

ቀን/ ምሽት

mort / vivant

የሞተ/ ህያዉ

large / étroit

ሰፊ/ ጠባብ

comestible / non comestible

የሚበላ/ የማይበላ

méchant / gentil

ክፉ/ ደግ

être enthousiaste / s'ennuyer

ደስተኛ/ ድብርተኛ

gros / mince

ወፍራም/ ቀጭን

le premier / le dernier

መጀመርያ/ መጨረሻ

l'ami / l'ennemi

ጓደኛ/ ጠላት

plein / vide

ሙሉ/ ጎዶሎ

dur / mou

ጠንካራ/ ለስላሳ

lourd / léger

ከባድ/ ቀላል

faim / soif

ረሃብ/ ጥማት

malade / en bonne santé

ህመም/ ጤንነት

illégal / légal

ህገወጥ/ ህጋዊ

intelligent / stupide

ጎበዝ/ ደደብ

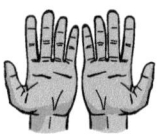

gauche / droite

ግራ/ ቀኝ

proche / loin

ቅርብ/ ሩቅ

les opposés - ተቃራኒዎች

neuf / usagé

አዲስ/ አሮጌ

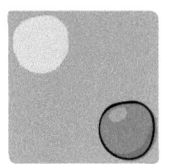

rien / quelque chose

ምንም/ የሆነ ነገር

vieux / jeune

ሽማግሌ/ ወጣት

marche / arrêt

የበራ/ የጠፋ

ouvert / fermé

ክፍት/ ዝግ

calme / bruyant

ፀጥታ/ ጫጫታ

riche / pauvre

ሃብታም/ ደሃ

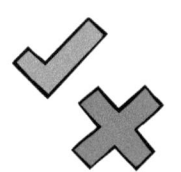

correct / incorrect

ትክክለኛ/ የተሳሳተ

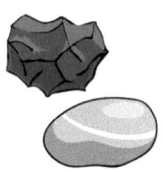

rugueux / lisse

ሻካራ/ ለስላሳ

triste / heureux

ሐዘን/ ደስታ

court / long

አጭር/ ረዥም

lent / rapide

ዝግተኛ/ ፈጣን

mouillé / sec

እርጥብ/ ደረቅ

chaud / froid

ሞቃት/ ቀዝቃዛ

la guerre / la paix

ጦርነት/ ሰላም

les opposés - ተቃራኒዎች

les nombres
ቁጥሮች

0 zéro
ዜሮ

1 un
አንድ

2 deux
ሁለት

3 trois
ሶስት

4 quatre
አራት

5 cinq
አምስት

6 six
ስድስት

7 sept
ሰባት

8 huit
ስምንት

9 neuf
ዘጠኝ

10 dix
አስር

11 onze
አስራ አንድ

12
douze
አስራ ሁለት

13
treize
አስራ ሶስት

14
quatorze
አስራ አራት

15
quinze
አስራ አምስት

16
seize
አስራ ስድስት

17
dix-sept
አስራ ሰባት

18
dix-huit
አስራ ስስምንት

19
dix-neuf
አስራ ዘጠኝ

20
vingt
ሃያ

100
cent
መቶ

1.000
mille
ሺህ

1.000.000
le million
ሚሊዮን

les nombres - ቁጥሮች

les langues
ቋንቋዎች

l'anglais

እንግሊዝኛ

l'anglais américain

የአሜሪካ እንግሊዝኛ

le chinois mandarin

የቻይና ማንዳሪን

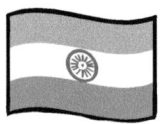

le hindi

ሂንዱ

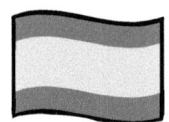

l'espagnol

ስፓኒሽ

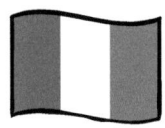

le français

ፍሬንች

l'arabe

አረብኛ

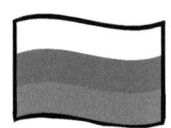

le russe

ራሺያኛ

le portugais

ፖርቹጊዝ

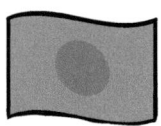

le bengali

ቤንጋሊ

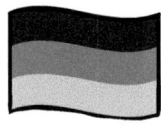

l'allemand

ጀርመን

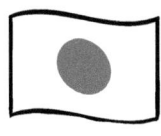

le japonais

ጃፓንኛ

qui / quoi / comment
ማን/ ምን/ እንዴት

je
እኔ

tu
አንተ

il / elle / ce, c', cela
እ / እርሷ/ እቃዉ

nous
እኛ

vous
አንተ

ils / elles
እነር

qui ?
ማን?

quoi ?
ምን?

comment ?
እንዴት?

où ?
የት?

quand ?
መቼ?

le nom
ስም

où
የት

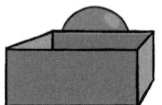

derrière

በስተጀርባ

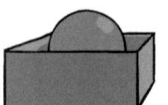

dans

ዉስጥ

devant

ከፊት ለፊት

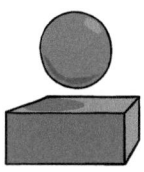

au-dessus

ከላይ

sur

ላይ

en dessous

ከስር

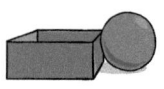

à côté de

አጠገብ

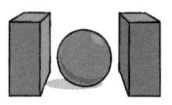

entre

መሃከል

l'endroit

ቦታ